Bruno Osimo

Traduzione letteraria e precisione terminologica

Con esempi dai racconti di Čechov

Bruno Osimo è un autore/traduttore che si autopubblica

La stampa è realizzata come print on sale da Kindle Direct Publishing

ISBN 9788898467921 per l'edizione cartacea

ISBN 9788898467914 per l'edizione elettronica

Contatti dell'autore-editore-traduttore: osimo@trad.it

Sommario

Precisione, scienza, traduzione: Vladìmir Nabókov

Vladìmir Nabókov è stato un grande traduttore e teorico della traduzione[1]. La sua concezione della traduzione, coerente con la più generale visione della realtà, è di grande aiuto come strumento critico per l'analisi dei racconti di Čéchov e come approccio alla loro traduzione.

Per illustrare la soggettività della realtà, in un'intervista Nabókov ricorre all'esempio del giglio, e alla sua diversa percezione da parte di una persona qualsiasi, di un naturalista, di un botanico[2]. In un brano di un saggio del 1959 significativamente intitolato "Problems of Flora", Nabókov sottolinea l'importanza della *precisione* del traduttore letterario quando incontra nomi botanici nel testo e conclude: «il traduttore è tenuto a impiegare qualsiasi termine a disposizione *purché sia esatto*»[3]. Segue una disquisizione sulla c*erëmuha*, un albero che compare nell'*Evgénij Onégin* e per il quale Nabókov conia appositamente un termine, "racemosa", dal nome scientifico "Padus racemosa", perché non ne esiste uno inglese che indichi con precisione quella pianta.

I *particolari* anche anatomici, biologici, botanici, spesso vengono trascurati o malinterpretati da critici e traduttori, e, di conseguenza, dai lettori. Perché il lettore possa fruire dell'opera d'arte in modo ottimale, è essenziale che traduca in immagini i *realia* che incontra. «Studiando il famoso racconto di Kafka [*La metamorfosi*], i miei studenti dovevano sapere esattamente in che tipo di insetto si era trasformato Gregor (era uno scarabeo a cupola, non lo scarafaggio da appartamento dei traduttori sciatti)»[4]. Il dato biologico nell'opera narrativa non è mero sfondo, ma ha un preciso valore strutturale.

L'atteggiamento dello scrittore (e del lettore) è assai simile a quello dello scienziato: «[...] in un'opera d'arte c'è una sorta di fusione graduale tra [...] la precisione della poesia e l'eccitazione della scienza pura»[5]. Lo scrittore deve «Passare in rassegna le parole migliori, con ogni assistenza lessicale, associativa e ritmica a disposizione, [...] esprimere con la maggiore approssimazione possibile ciò che [...] desidera esprimere»[6].

Čéchov è uno degli autori preferiti da Nabókov, e oggetto di alcune delle *Lezioni di letteratura russa* tenute presso le università statunitensi[7].

Una professione precaria: medico e scrittore

Antón Pàvlovič Čéchov si laureò in medicina nel 1884, all'età di ventiquattro anni. In quel periodo pubblicava a getto continuo racconti prevalentemente umoristici su riviste[8], per pochi rubli, che gli erano necessari per mantenere la famiglia numerosa. Il negozio del padre (figlio di un ex servo della gleba che si era riscattato con la famiglia), dove un tempo avevano lavorato anche i figli, era fallito nel periodo in cui Antón Pàvlovič e suo fratello avevano cominciato a studiare.

Čéchov svolse l'attività di medico per tutta la vita con grande dedizione in parallelo a quella di scrittore. Il 14 settembre 1885 scriveva a N. A. Léjkin: «Sono assediato dai pazienti. Nell'estate ne sono venuti a centinaia, ma in tutto ho guadagnato un rublo»[9]. Era molto attivo su entrambi i fronti. A ventotto anni aveva scritto e pubblicato più di cinquecento racconti e un romanzo (*Dramma a caccia*, 1884). Le contingenze impedivano a Čéchov di dedicarsi alla scrittura in maniera non frammentaria, senza preoccupazioni quotidiane concrete. La sua corrispondenza con gli editori, in questo periodo, è infarcita di richieste di prestiti, anticipi, rifornimenti di vario tipo. Se si esclude l'esperimento fallito di *Dramma a caccia*, non ebbe mai il tempo di dedicarsi a lavori di più ampio respiro delle tre o quattro paginette richieste dalle riviste per rubriche di intrattenimento umoristico o su fatti di costume.

In questa prospettiva *La steppa*, del 1888, segna l'inizio di un periodo di minore precarietà nella vita di Antón Pàvlovič. In precedenza l'investimento di tempo necessario per scrivere un racconto lungo sarebbe stato semplicemente impensabile. Sulla lunghezza delle opere letterarie, è interessante l'osservazione di Vladìmir Nabókov. Dopo avere spiegato che, secondo un suo editore, ogni scrittore porterebbe impresso il numero di pagine oltre il quale non deve mai spingersi, Nabókov scrive: «Il mio, ricordo, era 385. Čéchov non riuscì mai a scrivere un buon romanzo lungo — era un velocista, non un fondista. [...] Quando [...] costringeva la sua penna a percorrere una distanza assai superiore alle sue tendenze naturali e scriveva romanzi come [...] *Una vita*, il risultato era nella migliore delle ipotesi una serie di racconti rudimentali più o meno artificiosamente amalgamati [...] A parte un passo falso fatto da giovane, Čéchov non tentò mai di scrivere un grosso libro. I suoi scritti più lunghi, come *Il duello* e *Tre anni*, restano dei racconti»[10].

La costrizione a scrivere racconti brevi e urgenti si sposa con una predisposizione, un talento. In molte lettere agli editori, Antón Pàvlovič si scusa per l'eccessiva lunghezza dei propri racconti, oppure spiega di di essere stato costretto a tagliare una prima stesura per esigenze di spazio. La sua capacità di concisione e di precisione va anche considerata in relazione allo spirito scientifico che animava l'attività di scrittore.

Medicina, botanica, verosimiglianza

La formazione scientifica, medica di Čéchov non è un fatto incidentale. La sua passione per la professione medica poggiava sul desiderio di essere utile al prossimo, su una una ben strutturata filosofia di vita, che dal campo scientifico si estendeva a quello letterario. Era un tecnico dell'osservazione, e concepiva la letteratura come testimonianza scevra di intenti didascalici o moralistici. Il 30 maggio 1888 scrive a Suvórin, a proposito del racconto *Le luci*, che compito dello scrittore è mostrare la realtà senza piegarla a intenti morali e senza sentirsi in obbligo di trarne conclusioni da presentare al lettore[11]. Non a caso «veroâtno» («è verosimile») è uno dei suoi intercalari preferiti, e nella presente edizione lo si è sempre tradotto alla lettera, anche se spesso viene reso anche con avverbi come "probabilmente" e simili.

Il suo è il punto di vista del biologo, che osserva i fenomeni naturali con la libertà da preconcetti implicita nel metodo scientifico. E proprio un poderoso scienziato e teorico della scienza ha su Čéchov un grande influsso. L'11 marzo 1886 scrive a Bilìbin: «Leggo Darwin. Che splendore! Mi piace pazzamente»[12]. E si coglie costantemente nei racconti l'influenza di questa sua lettura fondamentale.

Vi sono casi, per esempio, in cui i personaggi di un racconto sembrano non rispettare la loro posizione gerarchica darwiniana, con un effetto straniante che mette in risalto la stupidità dell'uomo, ultimo e, in teoria, più perfezionato anello della catena. In *Frontebianca*, del 1895, sembra si vogliano comparare tre livelli della scala evolutiva: la lupa affamata, il cucciolo di cane che dà il nome al racconto e il guardiano Ignàt. Qui i tre animali sembrano evoluti in modo inverso alla posizione occupata: più intelligente di tutti è la lupa, piena padrona della situazione. Il cane, discendente del lupo, è talmente stupido da non riuscire nemmeno a distinguere un suo simile da un suo nemico. E il guardiano Ignàt sembra il più limitato di tutti, tant'è vero che non ha la più pallida idea di quello che stia succedendo.

Naturalità, cultura, inselvatichimento

Nei racconti di Čéchov è possibile rintracciare un filo conduttore costituito dalla varietà di animali, di piante e di altri elementi naturali o scientifici. La natura non è mai uno sfondo stereotipato, ma ha sempre una precisa funzione narratologica, e la precisione con cui vengono descritti gli alberi, le malattie, gli animali ha spesso valenza simbolica.

Seguendo l'impiego dei termini scientifici, sia intesi in senso stretto sia come metafore, si può cogliere, sotto la patina superficiale di un atteggiamento di distacco, di descrizione di un'impressione vissuta, un metodo di giudizio in sordina, in secondo piano, indiretto, si può ricucire una concezione dell'uomo in chiave di lotta tra naturalità, o primitività, e umanità, o cultura. Coesistono un *homo naturalis* e un *homo doctus*, a volte incarnati da due o più personaggi diversi, a volte, soprattutto nei racconti più tardi, fusi all'interno di una stessa persona.

Quello che distingue l'*homo naturalis* dall'*homo doctus* è l'assenza, in quest'ultimo, del bisogno di possedere una moglie e una famiglia, la sublimazione del desiderio sessuale, e la piena realizzazione mediante lo studio. Questo sembra il messaggio dell'*Insegnante di lettere* (1894). Non solo: ma il matrimonio conduce alla follia, è una mania (la moglie del protagonista si chiama "Mànâ", quasi *mànià*), o addirittura un serraglio, pieno di bestie[13]. La famiglia di origine di Mànâ è connotata dalla presenza di animali, anche selvatici, come si apprende anche da ciò che l'insegnante annota nel diario dopo la cerimonia nuziale[14].

La lotta tra questi due elementi, natura e cultura, è al centro dell'attenzione di Čéchov, e viene presentata come determinante per lo sviluppo futuro dell'umanità: a seconda di quale dei due elementi prevalga, avremo uno scenario come quello delineato da Treplëv nel dramma interno al *Gabbiano*, di desolazione e morte, oppure simile alle fantasie del dottor Àstrov dello *Zio Vànâ*, che immagina il futuro con un pizzico di benessere in più dovuto al suo personale sforzo per il bene comune. Il motivo dell'imbestialimento degli animali "senza sorveglianza", dell'inselvatichimento, si ritrova fino alla fine della produzione cehoviana, nel *Višnëvyj sad* del 1904.

Analogamente Čéchov utilizza gli elementi naturali, soprattutto i paesaggi, per riferirli simbolicamente a caratteristiche di personalità dei personaggi. In *Salterellona*, il declino della passione tra il pittore e Ól'ga Ivànovna ha un suo parallelo nella Volga, sul cui sfondo questa passione alcune pagine prima era nata[15]. Così pure l'esibizionismo di Ól'ga Ivànovna viene smascherato e portato all'estremo per mezzo di un accostamento, di un parallelo implicito, con il fiume-donna, la Volga, che si ritrova nuda, spogliata dalla fine di una passione primaverile.

Ariàdna, del 1895, è tutto imperniato sulla lotta dell'intellettuale contro la bestia che è in lui[16]. Šamóhin, inseguendo la passione bestiale, ha abbandonato il lavoro, il padre, la sua amata terra, ha sperperato tutte le sostanze sue e del padre, ha ipotecato il possedimento. Non solo ma, in viaggio, non è più uomo, ma bestia, e non solo perché si abbandona al desiderio sessuale[17]. Šamóhin, vittima della propria debolezza, scarica tutta la colpa sulla donna intellettuale, rovina dell'umanità[18].

In *Dama con cagnolino*, del 1899, si ha invece l'evoluzione di uno "stallone" in uomo, che finisce con l'amare una donna in quanto essere umano. Prima per lui si trattava solo del "piacer di porle in lista"[19]. La dama col cagnolino, la donna cioè in cui l'elemento umano e quello bestiale sono vicini ma distinti, finisce per fargli smettere di considerare le donne alla stregua di pesci, con tanto di squame.

Cultura, nevrosi, impotenza

Per Čéchov lo scrittore deve avere lo stesso tipo di distacco dalla materia che descrive che ha lo zoologo[20]; così come lo zoologo non si preoccupa di dare un significato morale a ciò che vede, sospendendo il giudizio sul lupo che divora il capriolo, lo scrittore deve rifuggire dalle descrizioni tendenziose. Osservare cercando di non prendere posizione, d'altra parte, è una condizione scomoda, che finisce per portare l'individuo a rifugiarsi in una solitudine nevrotica. Alcuni personaggi, come Orlóv, l'uomo nell'astuccio, *Iónyč*, sono paradigmatici di questo atteggiamento nei confronti del mondo.

Il meccanismo del rifugio nella nevrosi è esemplificato nella *Crisi di nervi* (1888), dove il protagonista si trova in conflitto tra diverse sollecitazioni: quelle che hanno a che fare con la naturalità, la bestialità[21] e quelle che hanno a che fare con la cultura[22]. Del resto, i conflitti che opprimono i personaggi di Čéchov sono anche quelli che opprimono lo stesso Čéchov. Come Vasil'ev nella *Crisi di nervi*, anche Čéchov frequenta le case chiuse[23], pur vivendo in modo problematico la barbarie insita in questa soluzione di compromesso. Il motivo della lotta dell'uomo civile contro l'uomo bestiale nella *Crisi di nervi* è enunciato, e identificato con la causa della malattia dell'incipiente secolo, la nevrosi (nel caso specifico l'isteria).

Al contrario dei positivisti, che sull'osservazione scientifica della realtà fondano fiducia e ottimismo[24], Čéchov ne fa strumento di smascheramento della molteplicità degli aspetti dell'esistenza e della loro contradditorietà, senza mai intervenire per trovare un ordine in ciò che osserva, limitandosi a constatarne la verosimiglianza. Il protagonista della *Storia noiosa* (1889), pur essendo uno scienziato, risente della propria posizione di incertezza: soffre di insonnia, di angosce esistenziali; il possesso di strumenti scientifici non lo aiuta a essere sereno.

Le leggi e le consuetudini sociali ostacolano la soddisfazione dei desideri naturali, come del resto dirà Freud fra qualche anno[25]; il protagonista dei *Ladri* (1890) alla fine commenta amaramente che soltanto chi trasgredisce abitualmente le leggi civili può permettersi di comportarsi secondo i propri desideri, di vivere libero[26].

Questi vive ed esprime l'impotenza dell'*homo doctus*, e l'impotenza è anche il motivo portante di *Gùsev* (1890), dove però si manifesta a vari livelli, arrivando ad assumere proporzioni cosmiche. È impotente Gùsev di fronte alle ingiustizie che ha subìto da vivo; è impotente nella morte, quando il suo cadavere non ha legittima sepoltura, ma viene preso di prepotenza nel ciclo biologico[27], diventando subito «una x nel ciclo dell'azoto»[28]. Ma ancora più impotente appare di fronte alla forza e alla bellezza della natura[29], nello stacco finale sul tramonto, con il raggio verde (che ritroveremo nella scena del duello del racconto omonimo). Alla vita della natura l'uomo non riesce a partecipare nemmeno come mero osservatore[30]. Anche il compito di testimone, dello scrittore, è dunque arduo.

La posizione iniziale di Čéchov, in cui il ruolo dello zoologo e quello dello scrittore tendono a coincidere, viene articolata e rettificata nel racconto *Il duello* (1891), dove l'autore, pur riconoscendo il valore del punto di vista biologico, ne prende le distanze. Lo zoologo, in questo racconto, è uno dei personaggi, e in questo modo, grazie alla sua non coincidenza col narratore esterno, ne risaltano i limiti. L'interpretazione razzista che lo zoologo dà della teoria evoluzionistica, giungendo a considerare "macachi" Laévskij e signora, non regge alla prova dei fatti, e nel finale von Koren deve ricredersi sul loro conto[31].

Nella prima parte Laévskij è in fuga da se stesso, e finisce nel deserto, pieno di falangi e scorpioni e serpenti; la sua nevrosi gli permette di accettare qualsiasi soluzione purché sia irrealizzabile: la sua storia con Nadéžda Fëdorovna ha per lui senso soltanto finché c'è alle spalle un marito abbandonato, ma quando questi muore di encefalomacìa, per Laévskij non ha più senso stare con lei, e cerca di sfuggire di nuovo alle proprie responsabilità; ma lo zoologo ve lo inchioda: lo zoologo, che per motivi di studio tiene sulla scrivania il falangio di cui Laévskij ha tanta paura, e non lo teme.

Nadéžda Fëdorovna inizialmente viene descritta mentre sfila sul lungomare abhaso soddisfatta del proprio vestito di seta grezza da uomo: un'ostentazione di semplicità sotto cui si nasconde il desiderio perverso, recidivo di tradire, di essere ammirata, di estinguere i debiti di acquisti frivoli per mezzo di prestazioni sessuali. Sotto il vestito falsamente semplice, da intellettuale, si nasconde una voglia di perversa bestialità.

Alla fine del racconto, di entrambi questi personaggi Čéchov compone un quadro molto umano, che si contrappone alla fredda razionalità e al determinismo di von Koren.

Un altro personaggio che permette a Čéchov di prendere le distanze dalle interpretazioni classiste e ottuse del darwinismo è il protagonista del racconto del 1894 *Nella tenuta*; il proprietario terriero-rospo manipola Darwin per appoggiare le proprie concezioni razzistiche della società.[32] Come un rospo, sputa veleno su tutto e su tutti quelli che non sono uguali a lui e, alla fine, si ritrova solo, e condanna anche le due figlie alla solitudine a causa del suo carattere nevroticamente velenoso.

Nel racconto *Mia moglie* del 1892, c'è un caso analogo a quello del "macaco": il dottor Zibellìnov ha sembianze (e nome) bestiali[33]. Pàvel Andréevič vorrebbe liquidarlo inquadrandolo secondo i suoi schemi consueti[34]. Ma non ci riesce[35]. Anche in questo caso, come per Laévskij, nonostante il disprezzo iniziale che induce Pàvel Andréevič a confondere il dottore con un altro animale (lo chiama Prociònov [Enót] anziché Zibellìnov [Soból']), finisce per riabilitarlo: la concezione del mondo zoologica, che «non fa distinzione tra un lupo e un capriolo», qui ha una smentita.

Nella dialettica naturalità-cultura, alcuni personaggi rappresentano il tentativo di Čéchov di analizzare il contrasto tra questi due elementi personificandoli in figure diverse. Nella *Salterellona* (1892) il protagonista Dýmov è un medico che muore dopo essere stato contagiato da un paziente, rischio che Čéchov stesso ha corso nella realtà[36]. Altra analogia tra la fabula di questo racconto e la vita di

Čéchov è il gran daffare che si dà Dýmov: ha un lavoro, un secondo lavoro, prepara la tesi di dottorato, e infine fa da "cameriere" alla moglie e ai suoi amici artisti[37]. Nonostante molti critici sovietici propendano per individuare come prototipo di Dýmov il medico I. I. Dubrovo, morto nel 1883 in circostanze analoghe al personaggio cehoviano, sembrano indubitabili anche notevoli riferimenti autobiografici al periodo del 1884, in cui Antón Pàvlovič si stava laureando e intanto provvedeva al sostentamento della famiglia. Dýmov è un uomo che ha vinto la battaglia contro la propria bestialità, anche se finisce per soccombere fisicamente, e in lui possiamo intuire una versione idealizzata di Čéchov, mentre Ól'ga Ivànovna, ancora preda delle pulsioni animali, ed esibizionista, scappa con un pittore solo in apparenza etereo, ma in realtà piuttosto rozzo che, soddisfatte le sue voglie, non vede l'ora di essere lasciato in pace[38]. A causa della nevrosi la "salterellona", sempre a caccia di personaggi notevoli, non si accorge che il più notevole è quello che le sta più vicino, il trascuratissimo marito.

La nevrosi dell'uomo che cerca di non comportarsi come una bestia è il tema anche di *Vicini* (1892). L'amico-vicino Vlàsič ha un podere incolto dove tutto è abbandonato a se stesso e non rende nulla. È incolto e improduttivo come il suo proprietario. Anche nella relazione tra Vlàsič e Zìna non c'è nessun tentativo di ordine esteriore. Pëtr Mihàjlyč, il protagonista, è indignato dalla scelta della sorella di andare a vivere dall'incolto Vlàsič ma, nel rapporto diretto con loro, non riesce a esercitare alcuna influenza. Il senso di impotenza di Pëtr Mihàjlyč viene enfatizzato e sbeffeggiato dal racconto dello stesso Vlàsič, nel quale il francese Olivier, sorseggiando bordeaux, ha fatto torturare a morte un seminarista perché di lui s'era invaghita la figlia. Contemplando il laghetto in cui è stato occultato il cadavere del seminarista, Pëtr Mihàjlyč pensa: «Olivier ha agito in modo inumano, però in una maniera o nell'altra ha risolto il problema, mentre io non ho risolto nulla, l'ho solo confuso [...] Lui diceva e faceva quello che pensava, mentre io non dico e non faccio quello che penso; poi di preciso non lo so nemmeno quello che penso...» L'*homo doctus* sopporta a fatica la frustrazione delle proprie pulsioni aggressive e prova un senso di impotenza[39]: ma la sua cultura gli impedisce di prendere il rozzo vicino e di fargli fare la fine che, sotto sotto, la bestia in lui ritiene che si meriti, per riportarsi a casa la sorella.

Il ritorno a casa del perdente Pëtr Mihàjlyč ha un suo parallelo nel chiudersi in se stesso di *Iónyč*, del 1898, che è la storia di un uomo che progressivamente si imbestialisce, tanto che, alla fine, del suo nome, patronimico e cognome, non resta che il patronimico, *Iónyč* appunto.

Interessato inizialmente all'amore innocente di una diciottenne, e respinto, finisce per occuparsi esclusivamente del proprio guadagno. Da rilevare un'interessante allusione all'esistenza delle malattie psicosomatiche ante litteram[40].

Emblematico ritrarsi in se stesso ritroviamo nell'*Uomo nell'astuccio* (1898), dove il paragone tra uomo e bestia è esplicito[41].

L'*Uvaspina*, sempre del 1898, narra di una persona immatura, che ha come scopo complessivo della vita quello di mangiare un piatto di uvaspina della propria tenuta: si abbandona a questa avidità animale e, da quel momento, per lui il resto del mondo potrebbe sprofondare. Contro questa ristrettezza mentale protesta il fratello-narratore interno, e la chiama *skotopodobie*, ossia letteralmente "somiglianza al bestiame"[42]. È un uomo che ha dimenticato di dover essere a immagine e somiglianza divina, e tende invece alla bestia.

Nella *Corsia n. 6* (1892) la cultura, la conoscenza, la scienza che creano scompensi e incertezze nella visione del mondo finiscono per causare il ricovero del personaggio più erudito, lo psichiatra, mentre l'infermiere, descritto come una bestia[43], è in libertà. Il requisito per non essere considerati pazienti psichiatrici è l'ignoranza, l'ottusità, la superficialità, l'inserimento acritico nella squallida vita di provincia. E l'impotenza dell'*homo doctus* qui si manifesta nell'assoluta remissività con cui il medico si lascia ricoverare nel reparto, che non a caso è circondato da piante selvatiche[44].

La "disgrazia" dell'uomo contemporaneo è la libertà: una volta ci si suicidava per debiti, ora per l'angoscia[45]. Il male del secolo è ormai l'isteria, la nevrastenia[46]. L'uomo cerca dolorosamente di raccapezzarsi «nella confusione di tutte le inezie di cui sono formate le relazioni interpersonali»[47].

Giudizio in chiave biologica

Nonostante il suo proposito di astenersi da qualsiasi giudizio, è proprio attraverso l'uso di paragoni con animali che traspare la valutazione che Čéchov dà a mentalità, ad atteggiamenti e a tipi di rapporto matrimoniale squilibrato.

Il paragone con gli insetti svolge un ruolo fondamentale nel *Regno delle babe* (1894), dove il gioco di parole fra *bogomòlka*, che in russo significa "religiosa", ma anche "mantide religiosa", dà modo di descrivere un personaggio complesso. La mantide religiosa è un insetto che, nonostante la posa da preghiera, ha le zampe armate di spine[48]. Come se non bastasse, la protagonista viene soprannominata Càrabo (feroce coleottero) ed è «di faccia simile a una lince». Nonostante si presenti come una pellegrina, che gira le case per fare del bene e dare buoni consigli, e nonostante mangi sempre "di magro", anche nei giorni in cui non è comandato, è disgustosamente ingorda.[49]

Il *Racconto del capogiardiniere* (1894) ha come soggetto la pena di morte e la giustizia in generale. Anche in questo è utile il paragone con le bestie.[50] Solo l'*homo naturalis* può essere favorevole alla pena di morte.

Tre anni, del 1895, si apre con una mandria polverosa che passa accanto alla casa del protagonista, Làptev, quasi a simboleggiare la bestialità della vita di provincia, in cui si trova. Bestialità che viene resa esplicita da Panaùrov[51].

Sentendo il corno dei pastori, a Làptev vengono in mente discorsi sull'amore e sul sesso[52]. La sorella di Làptev, dal passato gioioso (la chiamavano "cinciallegra"), è malata di cancro, e questo cancro fa da macabro tramite tra Làptev e Ûliâ Sergéevna: la passione è una psicosi[53], come la "mania" nell'*Insegnante di lettere*

, ma è anche un cancro. Infatti la vita

di Làptev diventa un inferno. Quando finalmente Ûliâ, all'inizio incarnazione della provincia piccoloborghese, arretrata, e oziosa, si evolve fino a capire il marito e diviene una bella donna, Làptev, che ha rinunciato alla sua unica relazione sincera, con Polìna Nikolàevna, a favore della bellezza fredda della moglie, si è invece imbestialito[54]. Responsabile di tutto, anche in questo caso, è la natura: «Natura, che il diavolo ti porti!», è l'esclamazione di un personaggio.

In *Volódâ grande e Volódâ piccolo* (1893), come anche in *Anna al collo* (1895), il matrimonio tra la ragazzina e l'uomo attempato suscita qualche perplessità, che viene espressa con una metafora zoologica[55].

La consorte (1895) è la storia del matrimonio con una bestia adultera[56]. Il comportamento civile del marito, che scopre l'adulterio, non ha nessun effetto sulla moglie che, alla fine, per colmo di meschinità gli ricorderà perfino di darle i venticinque rubli che le aveva promesso.

In *Casa con mezzanino (racconto di un pittore)* (1896) si assiste allo scontro tra due concezioni dell'utilità sociale degli intellettuali. Il pittore ritiene che, per differenziarsi dalle bestie, occorra ostentare sicurezze[57], riconoscersi superiori alla natura. Mentre Lìda ritiene che occorra essere attivi nella costruzione di scuole, biblioteche, ospedali, e bolla tutti quelli che non si danno da fare in quel senso come persone del tutto prive di interesse, il pittore le oppone una visione più radicale della relazione tra la fatica dell'uomo e la vita delle bestie[58], ma nello stesso tempo si abbandona all'ozio. Il racconto si conclude con la dimostrazione che Lìda, che si dice tutta dedita al bene del prossimo, non riesce nemmeno a fare del bene a sua sorella, e la fa "deportare" perché non possa avere séguito la proposta di matrimonio del pittore.

Čéchov usa il regno animale per descrivere e, indirettamente, giudicare un tipo di rapporto, ma ancora in *Casa con mezzanino* la stessa funzione svolge il regno vegetale. Nel finale, infatti, il pittore decide di lasciare la casa col mezzanino passando dallo «scuro vialetto di abeti»: il vialetto è *tëmnyj*, cioè scuro, ma anche di mentalità ristretta, ottuso, buio, retrivo, come Lìda, e compatto, tanto che non c'è spazio nemmeno per uno spiraglio di buon senso. E questa ottusità in Lìda si manifesta in modo evidentemente non incompatibile con il suo intenso impegno sociale, intenso al punto che, come gli abeti, non lascia spazio per guardarsi intorno, e non è consapevole della propria direzione, ma va, compatto, secondo un tracciato dogmatico, indiscutibile, chiuso al dibattito.

Natura piegata e non piegata

Tutto ciò è contronatura, come le spalliere del frutteto e gli alberi a forma di palla nel *Monaco nero* (1894). Il frutteto, il giardino, la vegetazione intorno a casa rappresentano la natura piegata da suocero e moglie di Kovrin a favore di un tipo di produttività controllata e ossessiva, a scapito della libera creatività della natura.

Questa operazione di controllo ossessivo che rende mostruosa la natura viene esercitata anche sul protagonista, costretto a perdere la propria creatività e a sottostare al controllo della moglie e del suocero. Al contrario, Kovrin ama la natura non piegata. Gli piacciono i chiurli (*kuliki*), bellissimi uccelli di palude dal becco ricurvo all'ingiù, le rive scoscese, le radici pelose, la meditazione. E qui, tra i chiurli che fischiano, incontra per la prima volta il suo delirio, il monaco nero appunto, che coltiva come una legittima creatura. La costrizione ad abbandonare il delirio innocuo[59] che per lui era linfa vitale, il monaco nero, determina una carica distruttiva che si ripercuote su moglie e suocero[60], che a loro volta considerano Kovrin causa dei loro mali.

Il luogo in cui si svolgono le due scene madri del *Duello* simboleggia la natura impervia, che fa paura, il cui contatto può essere mortale[61]. Sia durante il picnic sia durante il duello si lascia libero il freno alle passioni, siano esse di carattere alimentare-orale (la zuppa di pesce, il vino in quantità eccessiva), aggressivo (il duello), amoroso (gli appuntamenti galanti): sembra che in seno alla natura selvaggia anche l'uomo diventi selvatico.

Spesso in Čéchov troviamo questo legame tra natura e sentimento umano e, che ci sia una corrispondenza diretta o una contrapposizione, comunque la natura diventa elemento narratologico di primo piano. Nella *Storia noiosa*, per esempio, il protagonista vive il suo rapporto col pubblico universitario come se si trattasse di un unico elemento naturale, lo percepisce come un mare che mormora, al cospetto del quale lui è solo[62].

Particolari, precisione terminologica e pessimismo

Prima di tutto una precisazione terminologica, doverosa in questo contesto: la "vìšnâ" che dà il titolo al dramma è il *prunus cerasus*, ossia il "visciolo", una specie di ciliegio selvatico, non il ciliegio vero e proprio (*prunus avium*), che si chiama in russo "čeréšnâ". Non si tratta di un dettaglio trascurabile: infatti, a differenza delle ciliegie, le visciole sono frutti *selvatici*, sono acidule e vengono impiegate solo per confetture e sciroppi, fatto a cui si allude nel testo stesso del dramma[63]. Si noti inoltre che "visciolo" e "vìšnâ" derivano dalla stessa voce greca "bTMssinos", che significa "purpureo".

All'inselvatichimento degli alberi corrisponde l'inselvatichimento degli uomini, che perdono memoria dei "metodi" antichi senza sostituire a essi altro, che sanno apprezzare la bellezza di questa piantagione di viscioli ma

non sanno conservarne la proprietà, e la abbandonano alle scuri dei capitalisti emergenti. Čéchov ebbe la formidabile intuizione che questa nuova classe, in nome del profitto, non si sarebbe curata affatto di quella che ora chiamiamo "sostenibilità ecologica" dello sviluppo economico.
E nel finale del dramma, il cameriere Firs, dimenticato nella casa vuota, giace immobile intanto che si sente lo stesso rumore di prima: una corda spezzata, un airone, un gufo reale, un allocco. E le scuri intanto abbattono i ciliegi selvatici. È verosimile. Questo esempio è emblematico dell'importanza della precisione terminologica, praticata da Čéchov e sottolineata da Nabókov. Eccone alcuni altri.
Nella *Salterellona*, dopo la scena del pasto consumato in modo rozzo nell'izbà da Râbóvskij, il contrasto di stile, tra *homo rudis* e *homo doctus* appare forte agli occhi di Ól'ga Ivànovna – e del lettore – quando Ól'ga Ivànovna

torna, pentita, dal marito inconsapevole del tradimento, e lo trova in sala da pranzo, in gilè, che sta per mangiare un francolino di monte.[64] Non deve sfuggire l'importanza simbolica di questo uccello, che ritroviamo identico nel *Racconto di un uomo in incognito* (1893), un vero e proprio zoo.[65] I maschi hanno quasi tutti una concezione della donna come strumento di appagamento del bisogno fisiologico[66]. Orlóv racchiude in sé l'*homo doctus* e l'*homo rudis*. È colto, gli piace moltissimo lèggere[67]. Però è cinico, e considera le relazioni con l'altro sesso alla stregua di qualsiasi altra necessità fisica[68]. Anche l'uomo in incognito, quando lascia Orlóv, lo rimprovera di essere una bestia[69].

Orlóv ha modo di giustificarsi, ed enuncia una visione del mondo che cerca di conciliare aspetti bestiali e intellettuali, e la nevrosi che ne è frutto, in termini darwiniani[70]. Riesce a trovare un'insensata giustificazione "scientifica" al proprio modo di vivere nevrastenico, insensata perché Orlóv rifiuta di avere una famiglia e dei figli, e viene escluso dal ciclo della selezione naturale. Qui il particolare significativo è il francolino di monte nel piatto di Zinaìda Fëdorovna: è una presenza costante ogni volta che Orlóv manca, è simbolo della solitudine, del fallimento di una relazione.

L'uccello compare ancora come *Gabbiano* nell'omonimo dramma del 1896, e poi nel *Višnëvyj sad.* Qui un'annotazione scenica dimostra l'importanza simbolica degli uccelli in Čéchov. Nel secondo atto, nel mezzo del silenzio, si sente un rumore[71]. È forse un airone, un gufo reale, un allocco, ma comunque è un uccello del malaugurio, lo stesso che, secondo il cameriere ottantasettenne Firs, quarant'anni prima ha preannunciato la "disgrazia" della liberazione dalla servitù della gleba.

«Un fringuello, un tubo nuovo al samovàr e una saponetta alla glicerina profumata sono i segni dai quali si riconosce l'appartamento di un uomo sposato»[72], scriveva Čéchov a P. G. Rózanov il 14 gennaio 1886. È lecito supporre che anche gli altri uccelli individuati nei racconti di Čéchov siano un "segno".

Certi eventi restano inspiegabili e l'erudizione è fonte di ulteriore incertezza e sofferenza. Allora l'uomo sbatte la testa contro un dettaglio inspiegabile, che si prende gioco di tutti i tentativi di razionalizzazione. L'ultima battuta di dialogo del racconto *Paura (Racconto di un mio conoscente)* (1892) si conclude con la rabbiosa invettiva: «Perché è successo proprio così, e non altrimenti? A chi e per cosa era necessario che mi amasse seriamente e che lui capitasse in camera per il berretto? Cosa c'entra il berretto?» Questa rabbia è rivolta contro l'inspiegabilità dei fenomeni: l'uomo e la donna si sentono attratti uno dall'altra per motivi che sfuggono completamente alla ragione e alla cultura.

Il nesso tra irrazionalità e animalità sta nel fatto che tanti particolari minuti diventano centrali, nei racconti di Čéchov come nella vita. Il particolare simbolico, che in *Paura* è il berretto, in *Tre anni* è l'ombrello di Ûliâ. Inizialmente venerato come un feticcio da Làptev poi, con il capovolgersi della situazione nel matrimonio, viene custodito da Ûliâ, segno di un innamoramento nostalgico, "in ritardo".

Particolari, a prima vista insignificanti, come il berretto e l'ombrello, ma che ricorrono, fino a creare una sorta di rete di collegamenti intertestuali basata sul lessico, su parole ben precise, come nel caso del citato francolino di monte, e del falangio.

Il quadro del genere umano che emerge dai racconti di Čéchov, letti dalla specifica angolatura naturalistica, è dunque quello della dialettica naturalità-cultura, del bivio evoluzione-inselvatichimento. Il senso della vita, per quanto sia amara, difficile da sopportare, è la sporadica consapevolezza di lavorare per il benessere delle generazioni future. I boschi piantati da Àstrov, è verosimile, daranno benessere ai posteri. In futuro, è verosimile, si imparerà a distribuire meglio la fatica, e a coniugare benessere economico e natura, benessere economico e felicità, come non avviene invece in *Caso clinico*[73]. In futuro, è verosimile, la scienza scoprirà quali sono le vibrazioni, gli odori, le sensazioni che fanno sì che due persone siano felici o infelici insieme, e in tal modo si potranno evitare tutte quelle unioni coatte e convenzionali che rovinano la vita dei vari Làptev, unioni che si sfaldano nello scontro con passioni tanto violente quanto inspiegabili e imprevedibili.

Come rispondere a questo prevalere del caso particolare sugli sforzi di razionalizzazione? Un traduttore, per fortuna, non è tenuto a dare una risposta. È però tenuto a produrre una versione molto curata nei particolari, perché il lettore possa effettuare collegamenti e rimandi: è questo lo spirito con cui ho impostato il mio lavoro. Parafrasando Nabókov: «Si può (e si deve) ingaggiare un traduttore appositamente specializzato per garantire che errori e omissioni non sfigurino la verità sfuggente del racconto di uno scrittore che è piuttosto *particular* per quanto concerne la riproduzione precisa del suo fraseggio»[74].

Note

[1] Oltre a tradurre alcune delle proprie opere russe in inglese e viceversa, ha firmato una celebre versione inglese dell'*Eroe del nostro tempo* di Lérmontov e la leggendaria edizione in quattro volumi (uno di testo e tre di apparato critico) dell'*Evgénij Onégin* di Pùškin.

[2] «La realtà è una questione molto soggettiva. Posso definirla solo come una specie di accumulazione graduale di informazioni; e come specializzazione. Se per esempio prendiamo un giglio o qualsiasi altro tipo di oggetto naturale, un giglio è più reale per un naturalista che per una persona qualsiasi. Ma è ancora più reale per un botanico. E tuttavia una fase ulteriore di realtà viene raggiunta con un botanico specializzato in gigli. Ci si può avvicinare sempre di più, per così dire, alla realtà; ma non ci si avvicina mai abbastanza, perché la realtà è una successione infinita di gradini, livelli di percezione, doppi

fondi, e quindi indomabile, irraggiungibile». Nabókov, Vladimir, *Strong Opinions*, McGraw Hill, New York 1973:10-11.

[3] Nabókov, Vladìmir, «The Servile Path», in *On Translation* , Harvard University Press, Cambridge (Massachusetts) 1959:104, corsivo aggiunto.

[4] Ibidem:55

[5] Ibidem:7-10

[6] Ibidem:181.

[7] «Anton Čéchov», «Dama con cagnolino», «Nella bassura» [nella presente edizione il racconto (*V ovrage*) è tradotto: «Nel baratro] e «Appunti sul "Gabbiano"», in *Lezioni di letteratura russa*, Garzanti 1987:279-334.

[8] Perlopiù «La libellula», «Lo spettatore», «La sveglia», «Schegge», «Tempo nuovo», «Giornale di Pietroburgo».[9] Čéchov, A. P., *Sobranie socinenij v dvenadcati tomah* [Opere in dodici volumi], vol. 11, Hudožestvennaâ literatura, Moskvà 1963:221. Traduzione in *Epistolario*, a

cura di Gigliola Venturi e Clara Coïsson, 2 volumi, Einaudi, Torino 1960:86.

[10] Nabókov, V., *Lezioni di letteratura russa*, a cura di F. Bowers, trad. di E. Capriolo, Garzanti 1987:287-288.

[11] «L'artista non deve essere il giudice dei propri personaggi e di ciò che dicono, ma solamente un testimone spassionato. Io ho sentito un discorso sconnesso, inconcludente di due russi sul pessimismo e devo riferire tale discorso nella stessa forma in cui l'ho sentito, invece dare una valutazione toccherà ai giurati, ossia ai lettori. A me spetta solo avere talento, ossia saper distinguere le deposizioni importanti da quelle non importanti, di saper illuminare le figure e parlare la loro lingua. Ŝeglóv-Leónt'ev mi fa sentire in colpa per avere concluso il racconto con la frase: "Non si capisce niente a questo mondo!" Secondo lui, l'artista-psicologo *deve* fare dei distinguo, è psicologo per quello. Ma io non sono d'accordo con lui. È ora

che chi scrive, in particolare gli artisti, riconoscano che a questo mondo non si capisce niente, come un tempo riconobbe Socrate, e come riconosceva Voltaire. La massa pensa di sapere tutto e di capire tutto; e più è stupida, più le sembra di avere un'ampia visuale. Se invece l'artista, a cui la massa crede, si deciderà ad annunciare che non capisce niente di quello che vede, già solo questo avrà un grande significato nel campo del pensiero e sarà un grande passo avanti». *Epistolario*, 1:290-291.

[12] Čéchov, A. P., *Epistolario*, 1:127.

[13] «Una sola cosa a volte lo agitava e lo faceva arrabbiare e, sembrava, gli impediva di essere del tutto felice: erano i gatti e i cani che aveva ricevuto in dote.» *Il monaco nero e altri racconti*, Mondadori 1996:205.

[14] «[...] Mànâ ha di dote una ventina di migliaia di rubli in contanti, e in più un appezzamento a Melitónovo con un casotto di guardia dove, a quanto si dice, c'è una quantità di galline e anitre

che senza sorveglianza stanno diventando selvatiche.» Ibidem:201.

15 «[...] sembrava che i lussuosi tappeti verdi sulle rive, i riflessi adamantini dei raggi, la distanza blu trasparente e tutto quanto nella Volga era ricercato e appariscente la natura l'avesse portato via e riposto nei bauli fino alla primavera successiva, e i corvi volavano intorno alla Volga e la prendevano in giro: "Sei nuda! sei nuda!"» *La corsia n. 6 e altri racconti*, 25.

16 «Naturalmente, la donna è donna e il maschio maschio, ma possibile che sia tutto così semplice ai nostri tempi com'era prima del diluvio e possibile che io, persona istruita, dotato di una complessa struttura spirituale, debba spiegare la mia forte infatuazione per una donna solo col fatto che le forme del suo corpo sono diverse dalle mie? Oh, come sarebbe orribile! Ho voglia di pensare che il genio umano che ha *lottato contro la natura abbia lottato anche contro l'amore fisico come contro un nemico*, e che se non l'ha vinto, gli è riuscito

almeno di confonderlo in una rete di illusioni di fratellanza e amore; e perlomeno per me non si tratta più solo di una funzione del mio organismo animale, come per un cane o una rana, ma di vero amore, e ogni abbraccio è spiritualizzato da un puro empito del cuore e dalla stima per la donna. In realtà, al disgusto per l'istinto animale siamo stati educati per secoli, per centinaia di generazioni, io l'ho ereditato col sangue ed è parte del mio essere, e se ora io poetizzo l'amore, non è altrettanto naturale e necessario ai nostri tempi quanto il fatto che le mie elici sono immobili e che non sono coperto di pelo? Mi sembra che così la pensi la maggior parte delle persone istruite, perché nel presente la mancanza nell'amore dell'elemento morale e poetico viene ormai considerata come un fenomeno atavico; dicono che sia sintomo di degenerazione, di molte malattie mentali. È vero che, poeticizzando l'amore, presupponiamo in coloro che amiamo doti che spesso non hanno, e che questo è fonte di continui errori e continue sofferenze. Ma tanto meglio, secondo me, che sia così, ossia meglio soffrire che tranquillizzarsi pensando che la donna è donna, e il maschio maschio.» *Ariàdna.*

[17] «Come dei *boa* sazi, prestavamo attenzione solo agli oggetti brillanti, le vetrine dei negozi ci ipnotizzavano e ci entusiasmavamo per spille false e compravamo una massa di cose inutili, insignificanti.» *Ariàdna.*

[18] «"Per il momento solo nei paesi di campagna la donna non è arretrata rispetto al maschio" disse Šamóhin "là ha pensieri, sentimenti e lotta con lo stesso accanimento contro la natura in nome della cultura quanto il maschio. Invece la donna cittadina, borghese, intellettuale è rimasta indietro da un pezzo e sta tornando alla sua condizione primitiva, per metà è ormai un uomo-bestia, e grazie a lei gran parte di ciò che è stato conquistato dal genio umano è già andato perduto; la

donna a poco a poco scompare, al suo posto c'è la femmina primitiva. Questa arretratezza della donna intellettuale minaccia la cultura di un grave pericolo; nel suo movimento regressivo lei si sforza di attirare al suo seguito il maschio, e ritarda il movimento in avanti di questi. Non c'è dubbio."» Ibidem.

[19] «Del passato aveva conservato il ricordo di donne spensierate e bonarie, allegre d'amore, riconoscenti per la felicità, per quanto breve; e di quelle – come per esempio sua moglie – che amavano senza sincerità, con discorsi superflui, in modo manierato, con isteria, con un'aria, come se non fosse amore, passione, ma qualcosa di più significativo; e quelle due o tre, molto belle, fredde, sul cui viso balenava all'improvviso *un'espressione rapace*, il desiderio cocciuto di possedere, di strappare alla vita più di quello che può dare ed erano donne non giovanissime, capricciose, irragionevoli, autoritarie, poco

intelligenti, e quando Gùrov si raffreddava di loro, la loro bellezza suscitava in lui odio e i pizzi della loro biancheria gli parevano allora *simili a squame.*» *Dama con cagnolino.* Corsivo mio.

[20] «[...] uno zoologo invece non fa distinzione tra un lupo e un capriolo; per lui è un dettaglio senz'alcuna importanza. [...] Lo stesso dicasi per la narrativa. Il termine "tendenziosità" ha alla sua base per l'appunto l'incapacità degli uomini d'innalzarsi al di sopra dei particolari.» Lettera a Suvórin del 18 ottobre 1888. *Epistolario*, cit., 1:340-341.

[21] «Senza volerlo a queste tristi sponde mi attira una forza misteriosa». *La steppa e altri racconti*, Mondadori 1995:203.

[22] «In tutta questa assurdità che vedo ora, cosa può indurre in tentazione un uomo normale, indurlo a compiere un peccato tremendo – comprare a un rublo un essere vivente? [...] Con la scienza e con le arti, evidentemente,

non si riesce a fare niente». 208-223.

[23] «[...] ho rifiutato molti ricchi partiti; puoi capire in che situazione mi trovo! Mi toccherà di nuovo andare tutto l'inverno al Salon». Lettera a D. T. Savél'ev del 4 settembre 1884. *Epistolario*, cit., 1:61.

[24] «Altra caratteristica: una fiducia fanatica nell'infallibilità della scienza e soprattutto in tutto ciò che scrivono i tedeschi». *Il duello e altri racconti*, 17.

[25] Freud, S., *Psicopatologia della vita quotidiana*, 1901. *Il disagio della civiltà*, 1930.

[26] «"Chi lo dice che divertirsi è peccato?" si domandò con stizza. "Quelli che lo dicono non hanno mai vissuto da uomini liberi [...] e non hanno mai amato Lûbka [...] hanno amato solo le loro donne, che sembrano delle rane». *Il duello e altri racconti*, 92.

[27] Nel finale, il cadavere del protagonista viene pigramente sbranato da uno squalo in mezzo all'eccitazione entusiastica dei pesci

pilota (*locman*). Si noti la gioia dei "piloti", in branco, nel vedere l'emblema della povertà, dell'ignoranza, della debolezza sociale sbranato da uno squalo. *Il duello e altri racconti*, 109.

[28] De Gregori, Francesco, *Buonanotte fratello*, in *Alice non lo sa*, RCA, Roma 1974.

[29] «[...] una nuvola assomiglia a un arco di trionfo, un'altra a un leone, una terza a delle forbici...». *Il duello e altri racconti*, 109.

[30] «[...] l'oceano all'inizio s'incupisce, ma presto acquista colori teneri, gioiosi, appassionati, *nel linguaggio umano difficili anche solo da nominare*». *Il duello e altri racconti*, Mondadori 1995:109. Corsivo mio.

[31] Sembra che von Koren abbia molte caratteristiche di V. A. Vagner, seguace di Spencer, autore di *Biopsicologia e discipline intermedie*, Petrograd 1923.

[32] «[...] io invece sono un incorreggibile darwinista e per me parole come razza, aristocratismo e sangue nobile non

suonano a vuoto.» *Il monaco nero e altri racconti*, 210.

[33] «Dopo tre bicchierini si ubriacò, si eccitò in maniera innaturale, mangiò moltissimo, starnazzando ogni tanto come un'anatra e schioccando le labbra.» *Il duello e altri racconti*, 291.

[34] «[...] gli provai i miei soliti abiti mentali: il materialista, l'idealista, il rublo, l'istinto del branco [...]». 291-292.

[35] «[...] non appena cominciavo a provargli i miei abiti, con tutta la sua sincerità e semplicità diventava una natura complessa, confusa e incomprensibile.» 292.

[36] Il 28 febbraio 1886 Čéchov scriveva a V. V. Bilìbin: «Scrivo e curo malati. A Mosca infuria il tifo petecchiale. Questo tifo, io lo temo particolarmente. Mi sembra che se m'ammalassi di questa schifezza non me la caverei, e pericolo di contagio ce n'è a ogni passo... Perché faccio il medico e non l'avvocato? Sono stato stasera da una bambina ammalata di

difterite e ogni giorno vado da un ebreo, alunno del ginnasio, che ha la malattia di Nanà: il vaiolo». *Epistolario*, cit., 1:120.

[37] E a questo si riallaccia il motivo dell'utilità/inutilità sociale dell'artista, sviluppato in seguito anche in *Casa con mezzanino*.

[38] «La allontanò con le mani e se ne andò, e a lei sembrò che la sua faccia esprimesse schifo e stizza. Intanto la baba gli portava [...] un piatto di minestra di cavolo, e [...] intingeva i pollici nella minestra. E la baba sporca con la pancia stretta nei vestiti, e la minestra che Râbóvskij si mise a mangiare avidamente, e l'isbà, e tutta questa vita che all'inizio le era tanto piaciuta per la sua semplicità e per il disordine artistico, ora le sembrarono terribili. [...]

«"Eh? Sì, sì... E va be', parti..." disse remissivo Râbóvskij, pulendosi con l'asciugamano anziché col tovagliolo.» *La corsia n. 6 e altri racconti*, Mondadori 1995:28.

[39] «E gli sembrava che non ci fosse niente da fare.» *La corsia n. 6 e altri racconti*, 91.

[40] «Véra Iósifovna soffriva da tempo di emicrania, ma ultimamente, da quando la Gattina minacciava ogni giorno di andare al conservatorio, gli attacchi cominciarono a ripetersi sempre più spesso.» *Iónyč.*

[41] «Di persone solitarie per natura che, come il paguro bernardo o la lumaca, cercano di starsene nel proprio guscio, a questo mondo non ce ne sono poche.» *L'uomo nell'astuccio.*

[42] «[...]però, quanti uomini soddisfatti, felici! Che forza opprimente. Date un'occhiata a questa vita: sfacciataggine e ozio dei forti, ignoranza e bestialità [*skotopodobie*] dei deboli, intorno una povertà impossibile, pigia pigia, degenerazione, ubriachezza, egoismo, menzogna...» *L'uvaspina.*

[43] «Appartiene al novero di quegli uomini semplici, concreti, efficienti e ottusi che più di tutto al mondo

amano l'ordine e perciò sono convinti che *loro* vadano picchiati. Picchia in faccia, sul petto, sulla schiena, su quel che capita, ed è sicuro che altrimenti non ci sarebbe ordine». La c*orsia n. 6 e altri racconti*, 93.

[44] «[...] circondato da un vero e proprio bosco di lappole, ortiche e canapa selvatica». 92.

[45] *Per affari di servizio.*

[46] Ibid.

[47] *Caso clinico.*

[48] «Non v'ha nulla di più feroce di questi Ortotteri. Quando si rinchiudono insieme due Mantidi, si battono, si danno colpi colle zampe anteriori, e non cessano di lottare finché quella delle due che è più robusta sia riuscita a mangiare il capo dell'altra!

«Appena nate, le larve si aggrediscono tra loro. Siccome il maschio è più piccolo della femmina, sovente rimane sua vittima.» Figuier, Luigi, *Gl'insetti*, Treves, Milano 1884:373.

[49] «[...] bevve un bicchierino di vodka e

si mise in bocca un pezzettino di salmone, giunse perfino a fare le fusa dalla soddisfazione. Masticava rumorosamente, in modo ripugnante, facendo dei rumori col naso, e i suoi occhi si facevano untuosi e ingordi.» *Il monaco nero e altri racconti*, 152.

[50] «Dio, diceva mia nonna, per questa fiducia nell'uomo perdonò i peccati a tutti gli abitanti della città. Lui è contento quando gli uomini credono che l'essere umano sia a sua immagine e somiglianza e si amareggia se, dimenticando la dignità umana, *si giudica l'uomo peggio di un cane.* Può darsi che la sentenza assolutoria porti del danno agli abitanti della cittadina, però in compenso, giudicate voi, quale influenza benefica ha avuto su di loro questa fede nell'uomo, una fede che non rimane morta; educa noi alla generosità dei sentimenti e spinge ad amare e a rispettare sempre ogni persona. Tutti! E questo è importante.» 223-224. Corsivo mio.

[51] «[...]c'è solo bestialità, viltà, schifezze

e nient'altro.» *Tre anni.*

[52] «[...] venivano in mente le lunghe conversazioni a Mosca alle quali lui stesso aveva preso parte fino a non molto tempo prima, — in cui si diceva che si può vivere senza amore, che *l'amore appassionato è una psicosi*, che, infine, non c'è nessun amore, ma soltanto attrazione fisica tra i sessi [...].» Ibidem:1. Corsivo mio.

[53] Vedi il corsivo della nota precedente.

[54] «Lei gli stava facendo una dichiarazione d'amore, lui invece aveva la sensazione di essere sposato con lei da una decina d'anni, e *aveva voglia di fare colazione.* Lei gli cinse il collo, solleticandogli con la seta del vestito la guancia; lui allontanò con cautela la mano di lei, si alzò e, senza dire nemmeno una parola, se ne andò verso la dacia. Gli correvano incontro le bambine.[...]

«"Vi saluta il nonno... zio Fédâ morirà presto, zio Kóstâ ha scritto dall'America e dice di salutarvi. Alla mostra si è annoiato e tornerà presto.

Invece *zio Alëša ha appetito.*"» Ibidem:120. Corsivo mio.

[55] «[...] a Sóf'â L'vóvna sembrò che [il marito] avesse il passo e l'aria di *una bestia da preda*». *Il monaco nero e altri racconti,* 91. Corsivo mio.

[56] «Anche la faccia di Ól'ga Dmìtrievna ha lineamenti sottili e rapaci, ma più espressivi e sfacciati della madre; non è più una puzzola, ma una bestia più grossa!» *La consorte.*

[57] «"I fenomeni che non capisco li affronto con coraggio e non mi ci sottometto. Sono superiore. Un uomo deve riconoscersi superiore a leoni, tigri, stelle, superiore a tutto in natura, anche superiore a ciò che non si capisce e che sembra miracoloso, altrimenti non è un uomo, ma un topo che ha paura di tutto."

«Žénâ pensava che io, in quanto artista, sapessi moltissimo e potessi intuire con sicurezza quello che non so.» *La casa col mezzanino.*

[58] «[...] miliardi di uomini vivono peggio di bestie: solo per un pezzo di

pane, nella paura costante. Tutto l'orrore della loro situazione sta nel fatto che non hanno tempo di pensare a salvare l'anima, non hanno tempo di pensare alla propria immagine e somiglianza; fame, freddo, paura bestiale, un cumulo di fatiche, come valanghe di neve, hanno chiuso loro tutte le strade all'attività spirituale, proprio a ciò che distingue l'uomo dall'animale e costituisce l'unica cosa per la quale vale la pena di vivere. Voi andate in loro aiuto con ospedali e scuole, però con ciò non li liberate dai ceppi ma, al contrario, li schiavizzate ancora di più [...]

«[...] l'uomo resta come sempre l'animale più rapace e più sporcaccione, e tutto tende verso la degenerazione della maggior parte del genere umano[...] la vita del pittore non ha senso, [...] risulta che lavora per il divertimento di un animale rapace sporcaccione, [...]».

[59] «Uscivo di senno, avevo la mania di grandezza, però almeno ero allegro [...]

Avevo allucinazioni, ma a chi davo fastidio?» *Il monaco nero e altri racconti*, 121.

[60] «Più di tutto mi disgusta [...] questo loro ottimismo gastrico, proprio al toro e al porco». 123.

[61] «Una bella strada, della quale avevo sentito parlare molto, porta da Vienna a Venezia. Però mi ha deluso. Le montagne, i precipizi e le cime nevose che ho veduto nel Caucaso e a Ceylon, sono assai più imponenti». Lettera a M. P. Čéchova del 24 marzo 1891. *Epistolario*, 511.

[62] «Tutti i centocinquanta visi fanno un gran sorriso, gli occhi brillano allegri, per un po' si sente il mormorio del mare...». *Il duello e altri racconti,*19-20.

[63] «FIRS Una volta, quaranta-cinquant'anni fa, le visciole le seccavano, le maceravano, le mettevano in conserva, facevano la confettura, e, certe volte...

«GAEV. Taci, Firs.

«FIRS. E, certe volte, le visciole secche le mandavano coi carri a Mosca e a

Hàr'kov. C'erano soldi! E le visciole secche allora erano morbide, succose, dolci, aromatiche... Allora conoscevano il metodo...
«LûBÓV' ANDRÉEVNA. E adesso dov'è questo metodo?
«FIRS. Ce lo siamo dimenticati. Non se lo ricorda nessuno.» *Višnëvyj sad*, in *Polnoe sobranie sočinenij i pisem v tridcati tomah.*[Opere e lette complete e lettere in trenta volumi], Nauka, Moskvà 1974-1982. 13 (1978):206.
[64] «"Cosa c'è? Cosa c'è, mamma?" domandò con dolcezza. "Hai avuto nostalgia?"
«Lei alzò la faccia rossa di vergogna e lo guardò con aria colpevole e supplichevole, ma la paura e la vergogna le impedirono di dire la verità.
«"Niente" disse. "Solo così..."
«"Sediamo" disse lui facendola alzare e sedere a tavola. "Ecco... Mangia il francolino. Sei affamata, poverina."»
«Lei inspirava avidamente l'aria di casa e mangiava il francolino, e lui la

guardava commosso e rideva allegro.» 29.

[65] «L'altro ospite, Kukùškin, consigliere effettivo di stato [...] Aveva il modo di fare di una lucertola. Non incedeva, ma strisciava a piccoli passettini, barcollando e ridacchiando, e quando sorrideva mostrava i denti.» *Il monaco nero e altri racconti*, 10-11.

[66] «Pekàrskij, nel cui libro spese c'era una paginetta con l'intestazione: *Per opere di beneficenza* e un'altra: *Per necessità fisiologiche.*» 14.

[67] «[...] giudicare Orlóv dai libri che leggeva è decisamente impossibile. *Era un onnivoro.* E filosofia, e romanzi francesi, ed economia politica, e finanza, e nuovi poeti, e le edizioni «Posrédnik»: e tutto leggeva con pari velocità e sempre con quella espressione ironica negli occhi.» 5. Corsivo mio.

[68] «[...] un operaio francese, ogni giorno spende per il pranzo 10 sous, per il vino del pranzo 5 sous e per la donna dai 5 ai 10 sous, mentre la sua

intelligenza e i suoi nervi li dedica completamente al lavoro. Invece Zinaìda Fëdorovna per l'amore non paga in sous, ma con tutta l'anima.» 24.

[69] «[...] perché voi, prima ancora di fare in tempo a cominciare a vivere, vi siete affrettato a scrollarvi di dosso l'immagine e la somiglianza divina e vi siete trasformato in una bestia codarda che abbaia [...] ? [...] A proposito, il vostro atteggiamento verso la donna. L'abitudine a essere svergognati l'abbiamo ereditata con la carne e col sangue e a essere svergognati siamo stati educati, ma *siamo uomini proprio per vincere la bestia dentro di noi.* [...] il vostro atteggiamento nei confronti della donna è spregevole quanto la donna stessa.» 55-57. Corsivo mio.

[70] «[...] la nostra generazione è formata solo da nevrastenici e lamentosi, sappiamo solo parlare di stanchezza e sovraffaticamento, ma colpevoli di quello non siamo né voi né io: siamo troppo meschini perché dal nostro

arbitrio possa dipendere il destino di un'intera generazione. [...] sono in gioco fattori grandi, generali, che hanno una loro solida *raison d'être* dal punto di vista biologico. Siamo nevrastenici, acidi, arrendevoli, ma magari è necessario e utile per le generazioni che vivranno dopo di noi. Non cade un capello che il re dei cieli non voglia, in altre parole, nella natura e nell'ambiente umano nulla succede per caso.[...]». 80.

[71] «D'un tratto risuona un rumore lontano, come dal cielo, il rumore di una corda rotta, che di dissolve, malinconico.

«LûBÓV' ANDRÉEVNA. Cos'è?

«LOPÁCHIN. Non so. Lontano da qualche parte nelle miniere si è rotto un secchio. Ma molto lontano.

«GAEV. O forse un uccello... una specie di airone.

«TROFÌMOV. O forse un gufo reale...

«LûBÓV' ANDRÉEVNA (sussulta). Chissà perché è sgradevole.

Pausa.

«FIRS. Prima della disgrazia succedeva sempre: e gridava l'allocco, e il samovàr fischiava senza sosta.
«GAEV. Prima di quale disgrazia?
«FIRS. Prima della liberazione.» 224.

[72] *Epistolario*, 1:103.

[73] Slučaj iz praktiki.

[74] «Si può (e si deve) ingaggiare un correttore di bozze appositamente specializzato per garantire che refusi e omissioni non sfigurino la verità sfuggente di un'intervista che un giornale si prende la briga di condurre con uno scrittore che è piuttosto minuzioso per quanto concerne la riproduzione precisa del suo fraseggio». Nabókov, Vladìmir, *Strong Opinions*, 182.

Dello stesso editore

Poesia

Osip Mandel'štàm, Pietra (edizione cartacea: La Vita Felice)
Osip Mandel'štàm, Tristia. Secondo libro (edizione cartacea: La Vita Felice)
Osip Mandel'štàm, Quaderni di Mosca (edizione cartacea: La Vita Felice)

Anna Achmàtova, Stormo bianco (edizione cartacea: La Vita Felice)
Anna Achmàtova, Rosario (edizione cartacea: La Vita Felice)
Anna Achmàtova, Sera (edizione cartacea: La Vita Felice)
Anna Achmàtova, Tutte le poesie

Marina Cvetàeva Accampamento dei cigni-Separazione (edizione cartacea: La Vita Felice)
Marina Cvetàeva Verste. Poesie 1916-1920 (edizione cartacea: La Vita Felice)
Marina Cvetàeva È ora di spegner la lanterna. Ultime poesie 1936-1941

Aleksandr Blok Crocevia (edizione cartacea: La Vita Felice)
Aleksandr Blok Città (edizione cartacea: La Vita Felice)
Aleksandr Blok Poesie sulla bellissima dama
Aleksandr Blok Ante Lucem

Dino Campana Tutte le poesie
Vladìmir Majakovskij Tutte le poesie (1912-1930)
T.S.Eliot Canzone d'amore di J. Alfred Prufrock
Cantico dei cantici
Bruno Osimo Spazio intorno allo squalo
Bruno Osimo Poesie dall'ospedale psichiatrico
Bruno Osimo Poesie apocrife di Anna Ahmàtova
Bruno Osimo A Silva
Bruno Osimo Per tenerti la mano tra coyote e cinghiale
Bruno Osimo Sguardi rubati ; Gianpaolo Tescari
Bruno Osimo Bolle d'accompagnazione
Bruno Osimo Proposta sibillina
Bruno Osimo Ce l'hai scarico da un pezzo
Bruno Osimo Sei un vaso di fiori di campo
Bruno Osimo La scoiattola d'autunno

Semiotica

Bruno Osimo Semiotica semplice
Bruno Osimo Semiotics for Beginners
Bruno Osimo Semiotica per principianti
Lev Vygótskij, Pensiero e parola
Charles Sanders Peirce Filosofia della mente
Jurij Lotman Il testo nel testo
Jurij Lotman Le tre funzioni del testo
Jurij Lotman Autocomunicazione: «Io» e «Un altro» come destinatari
Jurij Lotman Le mie memorie 1922-1940
Jurij Lotman La semiosfera: culture
Jurij Lotman La cultura e l'intelligentnost'
Jurij Lotman Il ruolo dell'arte nella cultura
Jurij Lotman Asimmetria e dialogo
Jurij Lotman Il modello della struttura bilingue
Peeter Torop La semiotica della cultura. Introduzione alla scuola di Tartu fondata da Lotman.
Peeter Torop Biografia privata di Lotman attraverso gli autoritratti. Il discorso interno di uno studioso
Peeter Torop La transmedialità dell'autocomunicazione della cultura
Peeter Torop Sugli inizi della semiotica della cultura alla luce delle tesi della scuola di Tartu-Mosca

Opere di Gógol'

Notte di maggio ovvero L'annegata
La sera della vigilia di Ivàn Kupàla
La fiera di Soróčinci
Memorie di un pazzo

Opere di Solženìcyn

L'arresto. Vivere e morire ai tempi dei gulag
L'istruttoria. Torture, false confessioni, gulag
Storia delle fogne russe. Ondate di deportazione in gulag
La donna in lager. Vita quotidiana nei gulag

Opere di Čechov

Zio Vanja
Tre sorelle
Il gabbiano
Il giardino dei ciliegi (L'amareneto)
L'insegnante di lettere
Dama con cagnolino: racconto
Casa con mezzanino (racconto di un pittore)
Racconto della signora X
L'isola di Sachalìn
La dacia nuova
A proposito dell'amore
I mužikì

Alle feste di Natale
Per affari di servizio
Nel baratro
Tre anni
Il duello
Ionyč: racconto
L'arciereo: racconto
La sposa: racconto
Kaštanka: racconto
Ragazzi: racconto
Principessa: racconto

Opere di Tolstój

Imparare a scrivere dai bambini
Infanzia
Non uccidere nessuno
Non posso stare zitto Contro la pena di morte
Su ciò che viene chiamato «arte»
Il Vangelo spiegato ai bambini
Il parassitismo
Sonata «Kreutzer»
Il desiderio sessuale
Religione e morale
Perché la gente si droga?
Perché non mangio la carne

Opere di Dostoevskij

Notti bianche

Memorie dal sottosuolo
Il villaggio di Stepànčikovo e i suoi abitanti

Opere di Leskóv

L'ebreo in Russia
Il pellegrino incantato. Il mancino
L'angelo sigillato. L'ebreo in Russia

Opere di Bulgàkov

Comune operaia № 13
Il mago nero
Ho ucciso e altri racconti

Opere di Pùškin

Evgénij Onégin

Fiabe popolari

Sivko-burko. Fiaba popolare russa
Fiaba su Ivàn-zarévič, sull'uccello-brace e sul lupo grigio. Fiaba popolare russa

Sulla traduzione

Peeter Torop Total Translation
Vlahov Florin The Translation of Realia

B., S.A. Osimo Cognitive distortion, translation distortion, and poetic distortion as semiotic shifts
Bruno Osimo On Psychological Aspects of Translation
Bruno Osimo Literary translation and terminological precision: Chekhov and his short stories
Bruno Osimo Basic notions of Translation Theory
Bruno Osimo Translation Studies. Contributions from Eastern Europe
Bruno Osimo Handbook of Translation Studies
Bruno Osimo Juri Lotman's Translation Handbook
Bruno Osimo Dictionary of Translation Studies
Bruno Osimo History of Translation
Bruno Osimo Roman Jakobson's Translation Handbook
Bruno Osimo The Translation of Culture
Bruno Osimo Prototext-metatext translation shifts
Anton Popovič La scienza della traduzione
Peeter Torop La traduzione totale
Aleksandar Lûdskanov Un approccio semiotico alla traduzione
Vlahov Florin La traduzione dei realia

Revzin Rozencvejg Manuale di semiotica della traduzione

Jiří Levý La creatività linguistica e letteraria del traduttore

Jiří Levý Stile letterario e stile traduttivo. Come si forma il traduttese

Zuzana Jettmarová Teoria ceca della traduzione

B., S.A. Osimo Distorsione cognitiva, distorsione traduttiva e distorsione poetica come cambiamenti semiotici

Bruno Osimo Manuale del traduttore di Giacomo Leopardi

Bruno Osimo Peeter Torop per la scienza della traduzione

Bruno Osimo La traduzione totale. Spunti per lo sviluppo della scienza della traduzione

Bruno Osimo Teoria della mediazione linguistica

Bruno Osimo Traduzione come metafora, traduttore come antropologo

Bruno Osimo La memoria della cultura: traduzione e tradizione in Lotman

Bruno Osimo Traduzione e nuove tecnologie

Bruno Osimo Terminologia semiotica e scienza della traduzione

Bruno Osimo La lingua non salvata

Bruno Osimo Traduzione giuridica e scienza della traduzione

Bruno Osimo Traduzione della cultura

Bruno Osimo Traduzione letteraria e precisione terminologica
Bruno Osimo Traduzione e qualità
Bruno Osimo Traduzione: aspetti mentali
Bruno Osimo La traduzione totale di Peeter Torop

Fuori collana

Federico Bario Come batteva il tamburo
Aleksandr Ânov Le origini dell'autocrazia
Anatolij Rybakov Gli anni del grande terrore
Raffaello Giovagnoli Spartaco
Mihail Arcybašev Sangue
Mikhail Artsybashev Blood
Julija Voznesenskaja Decamerone delle donne
Solomon Volkov Pietroburgo. Storia culturale
Solomon Volkov Šostakovič e Stalin: l'artista e lo zar
Howard Rheingold Comunità virtuali
Bruno Osimo Il poeta in affari veniva da molto lontano
Bruno Osimo Esercizi di stile traduttivo
Bruno Osimo Melanzane dall'antipasto al dolce
Bruno Osimo Dizionario di psicoanalisi
Poesia nascosta. Seicento ricette di cucina ebraica in Italia

www.ingramcontent.com/pod-product-compliance
Ingram Content Group UK Ltd.
Pitfield, Milton Keynes, MK11 3LW, UK
UKHW012251290726
14090UKWH00016B/601